Vente à Paris
LE MARDI 10 MARS 1914
Hôtel DROUOT, Salle n° 10, au 1er étage

Plaquettes Artistiques

MÉDAILLES, MONNAIES, INTAILLES

Objets d'Orient

Bronzes de la Chine, du Japon, de l'Inde
et du Cambodge.
Statuettes, Vases, Jardinières, Gardes de sabre,
Poignards turcs, Porcelaine de la Chine
et du Japon.
Netzukés, Bois sculptés, Ivoires.

Commissaire-Priseur
Me André DESVOUGES,
Sr de Me Maurice Delestre
38, Rue de la Grange-Batelière

Expert en Médailles
M. Clément PLATT,
21, Quai Malaquais.

Expert en objets d'Orient
M. Joseph OGE,
57, Rue Saint-Lazare.

PARIS

Plaquettes Artistiques

MÉDAILLES, MONNAIES, INTAILLES

Objets d'Orient

Bronzes de la Chine, du Japon, de l'Inde
et du Cambodge.

Statuettes, Vases, Jardinières, Gardes de sabre,
Poignards turcs, Porcelaine de la Chine
et du Japon.

Netzukés, Bois sculptés, Ivoires.

VENTE AUX ENCHÈRES PUBLIQUES

A PARIS, HÔTEL DES COMMISSAIRES-PRISEURS, RUE DROUOT, 9

SALLE N° 10, AU PREMIER ÉTAGE

LE MARDI 10 MARS 1914

A DEUX HEURES PRÉCISES

Commissaire-Priseur	Expert en Médailles	Expert en objets d'Orient
Me André DESVOUGES,	M. Clément PLATT,	M. Joseph OGE,
Sr de M. Maurice Delestre		
36, Rue de la Grange-Batelière	21, Quai Malaquais.	57, Rue Saint-Lazare.

PARIS

Conditions de la Vente

La vente aura lieu au comptant.

Les acquéreurs paieront dix pour cent en sus des enchères.

Les Experts exécuteront les commissions que MM. les Amateurs voudront bien leur confier, aux conditions habituelles (5 % sur la limite).

L'ordre du Catalogue sera suivi.

PLAQUETTES
Médailles, Monnaies

1 **Adoration des Bergers.** La Vierge et saint Joseph age-
nouillés devant le petit Jésus; un Berger; au ciel l'E-
toile rayonnante. Derrière, la Vierge, l'âne et le bœuf.
Br. doré ovale troué 90×75^{m}/^{m}. *TB*.

2 **Adoration des Mages.** La Vierge assise, saint Joseph et
les Rois Mages, d'après Moderno. Comparer à Molinié 168. Br. 94×63^{m}/^{m}. *B*.

3 **Vierge à l'enfant.** La Vierge à mi-corps tenant un scapu-
laire et l'Enfant Jésus. Br. 106^{m}/^{m}, troué. *TB*.

4 **La Vierge et l'Enfant Jésus** entre saint Antoine et saint Jérôme; anges jouant de la mandoline, fronton accosté
de 4 anges soutenant une guirlande. En haut, le Christ
sortant du tombeau entre 2 soldats endormis. Br. doré
et argenté, 106×63^{m}/^{m}. Comparer à Molinié, 161. *TB*.

5 **La Vierge et l'Enfant Jésus.** La Vierge présente le sein
à l'Enfant Jésus qui se détourne; à dr. saint Joseph, au
fond 10 personnages dont on ne voit que les têtes, dans
le fronton, ange près du Père Eternel, encadr. architecture. Br. argenté 115×71^{m}/^{m}. Comparer à Molinié, 162.
TB.

6 **La Vierge et l'Enfant Jésus.** La Vierge sur un trône présente l'Enfant Jésus à l'adoration de saint Benoît et de
saint François. Encadrement d'architecture surmonté
d'une palmettre. Comparer à Molinié, 547. Baiser de
paix, troué. Cu. 126×80^{m}/^{m}. *B*.

7 **Le baptême du Christ.** Saint Jean baptisant le Christ, derrière 2 anges. Le Saint-Esprit dans les nuages. Médaillon ovale. Br. 123×88^{m}/^{m}. *TB*.

8 **Portement de croix.** Jésus succombant sous le poids de sa
croix rencontre sa mère. Br. 132×109^{m}/^{m}. *TB*.

9 **Portement de croix** (Valerio Belli). Jésus portant sa croix,
une corde passée à son cou. Derrière un soldat s'ap-

prête à le frapper et sainte Véronique à genoux. Exergue : VALERIVS VICENTINVS. F. Petit trou. Br. ovale 90 × 85$^{m}/^{m}$. Comparer à Molinié, 274. *TB*.

10 **La crucifixion.** Le Christ entre les 2 larrons. La Madeleine entoure la croix de ses bras ; femmes et hommes en prières. R]. La Vierge assise tenant le Christ mort, entourée des Saintes Femmes. Arg. doré à bélière. 80$^{m}/^{m}$ *TB*.

11 **Descente de croix.** La Vierge au pied de la croix ayant le Christ mort sur ses genoux. Au bas couronne d'épines et tête de mort. Br. 140 × 102$^{m}/^{m}$. *TB*.

12 **Descente de croix.** Le Christ couché au pied de la croix sur les genoux de 2 hommes barbus. Madeleine à genoux. La Vierge et les Saintes Femmes pleurant. Br. 115 × 71$^{m}/^{m}$. *TB*.

13 **La mise au tombeau** (Moderno). Le Christ mort, assis sur un riche sarcophage soutenu par Madeleine agenouillée et par saint Jean. Derrière ; la Vierge les mains jointes et personnages. Baiser de paix. Br. encad. architecture. 135 × 87$^{m}/^{m}$., Comparer à Molinié, 173. *B*.

14 **La mise au tombeau.** Le Christ soutenu par la Vierge et saint Jean, la figure douloureuse, par Moderno. Br. 73 × 57$^{m}/^{m}$. Comparer à Molinié, 177. *TB*.

15 **La mise au tombeau.** Le Christ soutenu par la Vierge et saint Jean. Baiser de paix. Cadre architecture. Br. 159 × 112$^{m}/^{m}$. Comparer à Molinié, 178.

16 **Mise au tombeau** (Andrea Briosco dit Il Riccio). Saint Jean et 2 personnages barbus saisissent le Christ et se disposent à le mettre dans le tombeau. A dr. la Vierge évanouie et les Saintes Femmes. A g., femme portant un vase de parfum et enfant pleurant. Petit trou de suspension. Plomb. 162 × 115$^{m}/^{m}$. Comparer à Molinié, 221. *TB*.

17 **Mise au tombeau.** Le Christ debout dans le tombeau soutenu par saint Jean et la Sainte Vierge. Derrière la croix, saints et vue de Jérusalem. Encadrement avec un fronton le Père Eternel le bras levé, la main manquant. Baiser de paix. Cu. 160 × 110$^{m}/^{m}$. *B*.

18 **Piéta.** La Vierge supporte sur ses genoux le Christ soutenu par 2 anges. Baiser de paix, entourage architecture. Cu 100 × 138$^{m}/^{m}$. Comparer à Molinié, 562. *B*.

19 **Le Christ**. XHS. XPC. SALVATOR. MVNDI. Buste auréolé du Christ à g. Br. 86^{m}/^{m}. *TB.*

20 **Le Christ**. Buste avec auréole, drapé à g. Br. ovale à bélière. 130×95^{m}/^{m}. *TB.*

21 **Assomption**. La Vierge entourée d'Anges jouant de la musique. Br. ovale. 183×118^{m}/^{m}. *TB.*

22 **Couronnement de la Vierge**. Le Christ assis sur les nuages environné d'anges, pose une couronne sur la tête de la Vierge agenouillée. Dessous anges portant des rosaires. Comparer à Molinié, 573. Cu. doré 132×85^{m}/^{m}. *TB.*

23 — La Vierge assise tenant l'Enfant Jésus sur ses genoux et donnant le rosaire à baiser à un moine, un pape, un roi, etc., à genoux ; à dr. Religieuses agenouillées. Br. ovale à bélière avec entourage 99×172^{m}/^{m}. *TB.*

24 — La Vierge debout couvrant d'un voile un personnage à genoux. Encadrement architecture ; aux bas armes de cardinal ; en haut Dieu bénissant. Baiser de paix. Br. 175×115^{m}/^{m}, troué. *B.*

25 **Notre-Dame de Lorette**. LORETA. Vierge assise sur le toit de l'église, tenant dans ses bras l'Enfant Jésus, dessous nuages et têtes d'anges. Br. 128×95^{m}/^{m}. *TB.*

26 **Sainte Famille (?) au repos**. Deux femmes, un vieillard et 2 enfants assis sous des arbres. Plomb doré 160×120^{m}/^{m}. *B.*

27 **Saint Jean** enfant. Buste nimbé de face, à mi corps, tenant la croix. Br. 95×87^{m}/^{m}. *TB.*

28 **Saint Jérôme en prière**. S'apprête à se frapper la poitrine avec une pierre, derrière lui un chapeau de cardinal, à ses pieds un lion. Comparer à Molinié, 388. Br. 93×62^{m}/^{m}. *TB.*

29 **Saint Jérôme en prière**. Le Saint nimbé tenant un chapelet, agenouillé mi-nu devant un crucifix et se frappant la poitrine avec une pierre, devant un lion couché. Comparer à Molinié, 389. Br. 100×75^{m}/^{m}. *TB.*

30 **Sainte Magdeleine** représentée à mi-corps, tenant un crucifix, les cheveux dénoués. Br. doré 102×71^{m}/^{m}. *TB.*

31 **St Martin** à cheval à g. coupant son manteau devant un pauvre agenouillé. Br. 146×65^{m}/^{m}. Encadré. *TB.*

32 **Jugement de Salomon.** Le Roi **sur son** trône. Soldat s'apprêtant à couper en deux l'enfant **que se disputent** les 2 mères. Br. 80^{m}/^{m}. *TB.*

33 **Le Printemps et l'Eté.** 2 femmes portant des fleurs et des épis passant à dr. Br. 89×99^{m}/^{m}. *TB.*

34 **L'Automne et l'Hiver.** 2 femmes portant, l'une des fruits, l'autre du feu, passant à g. Br. 90×99^{m}/^{m}. *TB.*

35 — Un autre exemplaire. Br. doré. 87×97^{m}/^{m}. *B.*

36 — Allégorie. Les 4 saisons en un char à dr., traîné par des bœufs. Br. doré 124×63^{m}/^{m}. *B.*

37 **Amours vendangeurs.** Trois amours couchés sous un cep de vigne. Br. Ciselé doré. 110^{m}/^{m}. *TB.*

37 *bis.* — 5 amours lutinant 2 chèvres Br. doré et ciselé 135^{m}/^{m} encadré. *TB.*

38 **L'Abondance** debout tenant une coupe ; autour d'elle, crocodile, lion et animaux. Plomb doré. 170^{m}/^{m}.

39 **Indien** debout tenant un arc ; passant à g. Plomb doré. 166^{m}/^{m}.

40 **Scène de chasse.** Homme nu suivi de 2 chiens, passant à dr., devant lui des lapins. Br. 130^{m}/^{m}. *B.*

41 **Combat.** Cavaliers combattant des fantassins coiffés du casque grec sous les murs de Troie. Arg. doré. 42×38^{m}/^{m} *TB.*

42 **Jupiter et Junon.** Jupiter assis devant un aigle ; devant lui des arbres surmontés d'un nuage sur lequel on voit Junon à mi-corps et son paon. Fer repoussé argenté et doré. 134×82^{m}/^{m}. *B.* Plusieurs trous.

43 **Mars** assis à dr. devant une ville en flammes. Cu. 79^{m}/^{m} à bélière. *B.*

44 **Mars et Vénus.** Mars casqué et cuirassé couché près de Vénus nue, l'embrassant sur la bouche. Médaillon ovale 181×128^{m}/^{m}. *TB.*

45 **Grande allégorie.** Vénus désarmant Mars devant un temple, au ciel l'Amour tenant une couronne ; personnages allégoriques. Br. 260^{m}/^{m}. *B.*

46 **Minerve.** Son buste avec casque à chimère à dr. Médaillon ovale surmonté d'un nœud. Br. 113×88^{m}/^{m}. *TB.* Cadre en bronze.

47 **Neptune** porté par un dauphin enlève une femme et cher-
che à l'embrasser. Br. Ovale 59×45$^{m/m}$. Troué. *TB.*
Comparer à Molinié. 591.

48 **Enlèvement d'Europe.** Europe sur le Taureau et nymphes
pleurant sur le rivage. Médaillon. Br. troué 171$^{m/m}$.

49 **Scène mythologique.** Jeune femme nue au pied d'un arbre flottant sur la mer. 2 navires et groupe de cavaliers
entrant dans l'eau. Plomb, troué, 162$^{m/m}$. *B.*

50 **Scène mythologique.** Personnage assis et femme nue
sous un arbre; derrière eux, 3 enfants. Signature: N.
BODIS. Br. 103×80$^{m/m}$. *TB.*

51 — Joueur de lyre, faune jouant de la flute et personnages allégoriques. Br. 117×68$^{m/m}$.

52 **Bacchanale.** Faunes et amours dansant autour d'un
Silène. Br. 130$^{m/m}$. *TB.*

53 **Sacrifice à Priale.** Priape en therme entouré de faunes
et faunesses; devant lui sacrifice d'un bouc. Grande
plaque. Br. 462×198$^{m/m}$. *TB.*

54 **Sacrifice à Priape.** Faunes et Priape en therme. Silène
porté en triomphe. Médaillon Plomb. 134$^{m/m}$. *TB.*

55 **Satyre lutinant un chèvre.** Signature: Houdon. Médail
lon. Br. 127$^{m/m}$. *TB.*

56 — Femme mi nue essayant de bander l'arc de l'Amour.
Galvano Cu. 140×185$^{m/m}$, encadré. *TB.*

57 — Léopard héraldique à g. Br. ovale doré. 71×64$^{m/m}$. *B.*

58 **La Rhétorique. La Grammaire. La Dialectique. La Musique.** Ens. 4 galvanos. Cu. ovale.

PAPES

59 **Alexandre VII.** Son buste à g. VATICANI. TEMPLI. AREA.
PORTICIBVS. ORNATA. ℞. Le Vatican. Ex. FVNDAMENTA.
EIVS. IN MONTIBVS. SANCTIS. Br. 73$^{m/m}$, troué. *TB.*

60 **Benoît VIIII.** Son buste à g. ℞. La Ste Face. Br. 41$^{m/m}$.
TB.

61 **Clément XI.** Son buste avec la tiare à dr., par Dubut.
Médaillon. Plomb doré. 131$^{m/m}$. *TB.*

62 **Clément XII**. Son buste mitré à g., par Hamerani. ℞. NON. QVÆRIT. QVÆ. SVA. SVNT. La Charité assise. Cu doré 36ᵐ/ᵐ, troué. *B*.

63 **Grégoire XIII**. Buste à g. ℞. L'Eglise Saint-Grégoire. 1582. Br. 38ᵐ/ᵐ. *TB*.

64 **Grégoire XIII**. Son buste à g. COLLEGIVM. OMNIVM. NATIONVM. SOC. IEISV. EXTRVXIT.. ℞. Lég. latine en 9 lig. Br. doré 57ᵐ/ᵐ à bélière. *B*.

65 **Grégoire XIII**. Assis et bénissant. ℞. Lég. latine en 14 lig. pour la fondation de la Société de Jésus. Br. 57ᵐ/ᵐ. Troué. *B*.

66 **Grégoire XIII**. Son buste à g. ℞. REGITVR OPTIME. Armes. Br. 44ᵐ/ᵐ. Troué. *B*.

67 **Grégoire XIII**. Son buste avec le camail et la calotte. SOCIETATIS. IESV. ℞. BONAS. ARTES. ALIT. ET. VERAE. RELIGIONI. SVBIICIT. GREGORIVS. Allégorie. Petit trou. Br. 56ᵐ/ᵐ. *TB*.

68 **Innocent III**. Son buste mitré à dr. ℞. S PETRVS CLAVIS. Buste de St Pierre de face et les clefs. Br. 42ᵐ/ᵐ. *TB*.

69 — IVTICHIANVS. I PONT. MAX. Son buste. ℞. CLAVES. REGNI. CELORVM. Clefs. Br. 41ᵐ/ᵐ. *B*.

70 **Jules III**. Son buste à dr. ℞. ANGLIA. RESVRGES. L'Angleterre à genoux devant un Pape. Br. 46ᵐ/ᵐ. *TB*.

71 **Jules III.**. Son buste avec la chape. ℞. IVLIVS. TERTIVS. PONT. OPT. MAX. ROMA. La Porte Sainte. Br. 28ᵐ/ᵐ. *TB*.

72 **Léon X**. LEO. X. P. MAX. Son buste avec la calotte à g. ℞. GLORIA. ET. HONORE. CORONASTI. ENDE. Ses armes. Petit trou. Br. 76ᵐ/ᵐ. *B*.

73 **Paul II**. Son buste à g. ℞. ANNO. CHRISTI. MCCCCLXV. Ses armes. Br. 55ᵐ/ᵐ. *TB*.

74 **Paul IIII**. Buste tête nue à dr. ℞. ANNO. DOMINI. M. D. LVI. PONT. SVI. PRIMO. INSTAVRAVIT. Femme debout portant une coupe et des livres. Br. troué 75ᵐ/ᵐ. *TB*.

75 **Paul V**. Son buste à dr. avec la chape. AN. XVI. ℞. PALATII. PORTA. RESTITVTA. Le Vatican. Br. 46ᵐ/ᵐ. *TB*.

ROIS DE FRANCE

76 **Louis XII**. Son buste à dr. sur fond fleurdelisé, ℞. Anne de Bretagne. Son buste à g. sur fond mi partie fleur de

de lis et moucheture de Bretagne. Plomb doré 113$^{m/m}$. *B*.

77 **Henri II.** Buste lauré et cuirassé à dr. Br. uniface 54$^{m/m}$. Troué. *B*.

78 **Henri II.** Son buste lauré et cuirassé à dr. R). OB. RES. IN. ITAL. GERM. ET GAL. FORTITER. GESTAS. Char triomphal. EX VOTO. PVB. 1552. Br. coulé à bélière. 58$^{m/m}$. *TB*.

79 **Charles IX.** Son buste lauré et cuirassé 1566. R). HENRI-CVS II. GALLOR. REX. INVICTVS. ET. CATHARINA. Bustes en regard d'Henri II et Catherine de Médicis. Br. troué 37$^{m/m}$. *B*.

80 **Charles IX.** Buste lauré à g. 1572. R). VIRTVS. REBELLES. Le Roi assis sur un trône les pieds sur les Huguenots. (La St Barthélémy). Br. 36$^{m/m}$.. *TB*.

81 **Henri IIII.** Son buste lauré et cuirassé à dr., d'après Dupré. Br. 119$^{m/m}$. *TB*.

82 **Henri IV.** Buste cuirassé et casqué avec panache à g. Br. ovale. 122×94$^{m/m}$. *TB*.

83 **Henri IV.** Son buste tête nue presque de face avec le collet, la fraise et le collier des Ordres. Trou de suspension. Arg. ovale ciselé. 92×69$^{m/m}$. *TB*.

84 **Henri IV.** Son buste lauré et cuirassé à dr. Deux petits trous. Ecaille dorée. 102$^{m/m}$. *TB*.

85 **Henri IIII et Marie de Médicis.** Leurs bustes superposés à dr. R). PROPAGO. IMPERI. Le Roi donnant la main à Pallas. Br. 66$^{m/m}$. *TB*.

86 **Henri IV.** Son buste lauré et cuirassé à dr. 1604. R). MAJESTAS. MAJOR. AB. IGNE. Le Roi et Marie de Médicis, mains jointes et autel allumé. Cu. 54$^{m/m}$. *B*.

87 **Louis XIII.** Buste à dr. avec la fraise, par Dupré. R). VT. GENTES. TOLLAT. QVE. PREMAT. QVE. La Justice assise à dr. 1613. Br. à bélière 60$^{m/m}$. *TB*.

88 — Variété sur flan épais. 64$^{m/m}$. *TB*. s. d.

89 **Louis XIII.** Buste enfantin lauré et cuirassé à dr. 1613. R). DAT. PACCATVM. OMNIBVS. ÆTHER 1615. Junon assise sur un arc-en-ciel. Br. 52$^{m/m}$. *TB*.

90 **Louis XIII.** Buste enfantin, lauré et cuirassé, col rabattu 1614. R). Marie de Médicis, son buste à g. Br. 43$^{m/m}$. *TB*

91 **Louis XIII.** Buste lauré et cuirassé à g., d'après Warin. R). Cardinal de Richelieu. Son buste à dr. Br. doré à bélière. 69$^{m/m}$. *TB*.

92 **Louis XIV**. LVDOVICVS. MAGNVS. FRANC. ET NAV. REX. Son buste cuirassé avec grande perruque à dr. Br. 138 $^{m}/_{m}$. *TB*.

93 **Bonaparte**. Son buste en uniforme à g. MARSEILLE RECONNAISSANTE. R). AN DIX. DE. LA. REPVBLIQVE. FRANÇAISE. Colonne. Br. 44$^{m}/_{m}$. à bélière. *TB*.

PERSONNAGES

94 **De Bassompierre**. Son buste à dr. R). QVOD. NEQVEVNT. TOT SIDERA. PRESTAT. Phare et navires. Cu. 51$^{m}/_{m}$.

95 **Daniel de Cosnac**. Archevêque d'Aix. Son buste à dr. avec la croix du St Esprit. Etain, encadré, 132$^{m}/_{m}$. *TB*.

96 **Pierre Jeannin**. Son buste à dr. R). Ses armes, 1620. Br. 52$^{m}/_{m}$. *B*.

97 **Michel Le Tellier**. Son buste à dr. MICHA. LETEILIER. FR. CANCELLARIVS.. 1678. Br. 132$^{m}/_{m}$. *TB*.

98 — MONTESQVIEV. Son buste drapé à g. R). HINC. IVRA. La Justice et la Vérité, 1753, par Dassier. Br., 60$^{m}/_{m}$. *TB*.

99 **Cardinal de Richelieu**. Son buste à dr. par Warin. R). TANDEM. VICTA. SEQVOR. Char triomphal conduit par la Renommée, 1630. Br. 74$^{m}/_{m}$ à bélière. *B*.

100 **Ruzé D'Effiat**. Surintendant des Finances. Son buste à dr. Br. 63$^{m}/_{m}$. Cadre ivoire. *TB*.

101 **De Suffren**. Son buste nu a g. par Dupré. R). lég. en 9 lig. p. ses Victoires. MDCCLXXXIV. Br. 49$^{m}/_{m}$.*TB*.

102 — LE. MARESCHAL. DE. TOYRAS. Son buste. R) CORONANT. ADVERSA. Soleil et vapeurs. Br. 55$^{m}/_{m}$. troué.

103 **Frédéric III**. Son buste à g. FREDERICVS. TERCIVS. AVGVSTVS. ROMANORVM. IMPERATOR. SEMPER. R). Assemblée de cavaliers. MCCCCLXIX. Br. 55$^{m}/_{m}$. *B*.

104 **Frédéric III**. Son buste en couleur à g. avec le manteau d'hermine, plomb. Ovale à bélière 122 × 97$^{m}/_{m}$. *B*.

105 **Charles-Quint**. IMP. CAES. CAROLVS. V. AVG. Son buste cuirassé et lauré à dr. Petit trou. Br. uniface. 84$^{m}/_{m}$. *B*.

106 **Philippe V**. Roi d'Espagne. Le Roi à cheval. R). ADVENTVI. PRINCIPIS. FŒLICISSIMO. Pallas assise. Ex. NEAPOLIS. 1702. Br. 59 $^{m}/_{m}$. *TB*.

107 **Christine de Suède.** REGINA. CHRISTINA. Son buste drapé et lauré à dr. ℞. POSSIS. NIHIL. VRBE. ROMA. VISERE. MAIVS. Pallas assise tenant une Victoire. Br. 61$^{m/m}$. à bélière. *TB.*

108 **Jean Alasco.** Son buste barbu à dr. IOHANNES. ALASCO. AET. EVI. A. DO. 1557. Plomb. 62$^{m/m}$. *B.*

109 **Cardinal Barberini.** Buste avec la barette à dr. par Dupré. ℞. MARCVS. ANTONIVS. MEMMO. DVX. VENETIARVM. Son buste avec le bonnet des Doges à dr. Br. 90$^{m/m}$. *TB.*

110 **Beretinus. E. Cortonna.** Buste à dr. p. Chéron. ℞. BENE. SVPER. VIRTVS. TE. CORONAT. Ange assis montrant les étoiles. Quatre petits trous. Br. doré. 72$^{m/m}$. *TB.*

111 **Gonsalve III de Cordoue.** Buste tête nue à g. ℞. Combat de Cavaliers sous les murs d'une ville. Cu. 54$^{m/m}$. troué.

112 **Cromwell.** Son buste lauré à g. p. Dassier. ℞. Amours devant un tombeau. Br. 38$^{m/m}$. *TB.*

113 **François Ier d'Etrurie.** Tête nue, buste drapé à dr. MAG. DVX. ETRVR. II. ℞. Ecureuil tenant un rameau. Br. 78$^{m/m}$. *TB.*

114 **Victoire G^{de} Duchesse d'Etrurie.** — VICTORIA. MAG. DVC. ETR. Son buste voilé à dr. par Soldi. Br. 90$^{m/m}$. *TB.*

115 **Hippolyte de Gonzague..** Buste à g. par Leone Leoni. ℞. PAR. VBIQ. POTESTAS: Diane chasseresse. Br. troué 64$^{m/m}$. *B.*

116 **Antoine Duc de Lorraine.** Son buste à dr. ℞ Renée, duchesse de Lorraine, son buste à g. Br. 46$^{m/m}$. à bélière. TB.

117 **Martin Luther.** Buste de 3/4 à g. Plomb, 51$^{m/m}$. *B.*

118 **Jean de Médicis.** Son buste à dr. ℞. ERIGOR. NON. FRANGOR. Rochers au milieu de l'eau. Br. 80$^{m/m}$. *B.*

119 **Divers.** STEPH. DANIELLI. ÆT. ANN. L.XX. Buste à g. ℞. PRO. VIRTVTE. SBARALEÆ. FORTIS. M.D.CC.XXVI. Armes. Br. troué 73$^{m/m}$. *B.*

120 — EQV. CAROL. GRATI. SEN. ROM. ET. BONO. PORECTÆ. CO. Buste à mi corps à dr. ℞. FATA. VIAM. INVENIENT. PER. FEDE. ONOR. SAQVISTA. 1513. Mercure et Pegase. Br. 83$^{m/m}$. *B.*

121 — ANNA. MAVR.EL. AISEA. AET. ANN. XV. Buste de jeune fille à dr. ℞. Junon, Vénus et Pallas. Br. 65 troué. *B.*

122— HIERONIMA. SACRATA. MDLV. Buste de femme à dr. Plomb, à bélière. 91^{m/m}. B.

123 — VEIQVE. LVCEBIT. Buste cuirassé jeune avec grande perruque à g. R). BELLO. ET. PACE. Pallas tenant des couronnes. Br. 86^{m/m}. TB.

123 bis. — Joli buste de jeune femme en costume du XVIIIe siècle à dr. Br. 125^{m/m}. encadré. TB.

124 — Le Génie du siècle recevant une torche des mains d'une femme expirante par Roty. R). EXPOSITION. VNIVERSELLE... 1900. PARIS. Vue du grand palais. Br. argenté 51 × 36^{m/m}. TB.

125 — Vue de Marseille. XXVme CENTENAIRE. M. DCCCC. R). Femme recevant la coupe de l'Hospitalité de Gaulois attablés. Ex. FONDATION DE MARSEILLE. 600 ANS. AV. J.C. Br. 80^{m/m} par Patey. TB. avec écrin.

126 — Un lot bulles diverses en plomb ens. 9 pièces.

127 — Jeton du district des Cordeliers 1790, petite médaille de la naissance du Duc de Bordeaux, etc. Ens. 4 p. Cu. TB.

128 — Cylindre pseudo babylonien à inscriptions cunéiformes et 2 personnages debout.

129 — Scarabéoïde égyptien, monté en bague.

130 — Intaille chaldéenne en pierre dure en forme de canard, personnage debout avec ailes, monté en pendentif.

131 — Intaille, gréco-romaine, pierre dure représentant Mercure assis, montée en bague.

132 — Intaille gréco-romaine, pierre dure, représentant une tête casquée à g. ; montée en bague.

133 — Intaille, pierre dure, représentant une tête laurée à interprétation du cachet dit de Michel Ange.

135 — Un cachet Cu et un cachet verre.

136 — Un lot monnaies grecques et diverses en argent, ensemble 40 p. quelques-unes douteuses.

137 — Jeton arg. du Trésor Royal 1700. TB.

138 — Florin d'or de Jeanne de Naples, aux armes et au St-Jean-Baptiste. TB.

139 — Lot monnaies en cuivre, grecques, romaines, etc.

140 — Médaille arg. doré, 33^{m/m} trouée, datée 1602 à l'effigie de Maurice, Prince d'Orange. R). Arbre. B.

141 — Cadre bois sculpté par Rody, élève de Bartholdy. 1 m. 25 × 1 m., 18 contenant une Collection de monnaies et médailles anciennes.

142 - Un second cadre analogue. (Le catalogue de la Collection établi par M. Charles Royer, Président de la Ste Archéologique de la Haute-Marne ; Directeur du Musée de Langres peut être consulté par MM. les Amateurs.) La Collection a été médaillée à l'Exposition internationale de St-Etienne en 1903.

Objets d'Extrême-Orient

143 1 Lot de sept anciennes petites divinités de l'Inde en bronze.

144 Trois petites divinités anciennes de l'Inde et de la Chine.

145 Quatre anciennes petites divinités en bronze chinois dont deux avec trace de dorure.

146 Deux chevaux et un dragon en bronze de l'Annam.

147 Deux personnages en ancien bronze chinois et un petit boudha muni d'une auréole en ancien bronze japonais.

148 Tortue et petit éléphant en bronze du Japon.

149 Vase bronze du Japon à patine verte et rouge, entouré d'un dragon en relief.

150 Trois divinités anciennes de la Chine et du Cambodge.

151 Brûle-parfums en bronze Japonais orné de chimères aux anses et sur le couvercle.

152 Ancien brûle-parfums en bronze de la Chine, couvercle surmonté d'une chimère.

153 Paire de bougeoirs en bronze du Japon figurant des ibis montés sur socle.

154 Deux bougeoirs du Japon de même genre que les précédents.

155 Brûle-parfums du Japon en bronze sur trois pieds, couvercle surmonté du chien de Fô.

156 Deux anciennes jardinières chinoises dont une cylindri-

que à patine jaune et la deuxième gravée de dessins re-
haussés d'or.

157 Deux divinités chinoises anciennes dont une rehaussée
de laque d'or.

158 Anciennes statuettes de Kwannin en bronze patiné d'or.

159 Deux anciennes statuettes de la Chine et du Cambodge.

160 Statuette de boudha assis sur le lotus en bronze chinois
à traces de dorure, et Fudo (gardien du temple) de même
genre.

161 Deux figures anciennes de Kwannin assises, l'une rehaussée de laque d'or, la deuxième de laque polychrome.

162 Dignitaire chinois assis, bronze polychromé du XVIe
siècle.

163 Divinité Laotienne assise sur un socle, traces de dorure.

164 Bronze représentant Otéi, divinité, en bronze japonais.

165 Ancien bronze Indou, personnage debout les mains
unies ; patine dorée.

166 Ancien bronze Indou, divinité debout sur socle ; patine
verte.

167 Autre divinité ancienne plus importante debout sur socle. Patine foncée avec parties dorées.

168 Boudha important en bronze chinois, recouvert de laque d'or en partie écaillée. Pièce ancienne.

169 Divinité Thibétaine ancienne, debout sur socle en bronze
doré.

170 Autre divinité ancienne en bronze doré drapée d'une
étoffe.

171 Grande divinité du Cambodge en bronze doré sur socle
à patine foncée.

172 Trois objets bronze ; vase, jardinière de Bénarès, dessins gravés.

173 Paire d'urnes bronze gravé de dessins hindous.

174 Jardinière en bronze du Japon décorée de chimères en
relief.

175 Bonbonnière et vase avec couvercle de même genre.

176 Plateau du Cambodge, motifs de personnages en relief.

177 Plaque rectangulaire en bronze du Japon représentant
une divinité sur un dragon.

178 Sept plateaux ronds en cuivre ciselé, dessins en relief ou gravés.

179 Un lot de dix gardes en fer du Japon.

180 Un lot de dix autres gardes.

181 Un lot de dix autres gardes.

182 Un lot de dix autres gardes.

183 Pichet en métal argenté orné de figures en relief, anses en forme de dragon. Travail annamite.

184 5 pièces en cloisonné du Japon.

185 Service à fumeur cloisonné du Japon.

186 3 divinités en albâtre. Travail Indou.

187 Cinq sujets pierre de larre et petite divinité terre cuite.

188 3 tabatières verre et un porte-aigrette en jade.

189 8 netzukés du Japon anciens en bois sculptés.

190 Quatre sujets bois sculpté doré, Indiens et Chinois.

191 Deux chimères bois sculpté et un buffle sur lequel sont juchés deux enfants.

192 Netzuhé en bois sculpté, oiseau de proie.

193 Deux divinités chinoises bois sculptés, dont une avec trace de dorure.

194 Deux tubes bois sculpté orné de diverses scènes et une chimère sur socle.

195 Une boîte et un tube en bambou sculpté; un tube en bois de fer orné de personnages.

196 Deux sujets en bois noir sculpté. Travail chinois.

197 Deux groupes personnages Chinois bois noir sculpté damasquiné.

198 Divinité en bois sculpté du Cambodge sur socle.

199 Divinité en bois sculpté debout polychromée.

200 Ecran avec plaque en pierre de larre, encadrement bois sculpté.

201 Plateau Tonkin incrusté de nacre.

202 Saladier, trois assiettes, 2 soucoupes, un vase forme tube et boîte en porcelaine de Canton.

203 3 petits vases Chine et 3 autres du Japon dont deux en porcelaine de Satzuma.

204 Trois coupes en porcelaine de Satzuma.

205 Divinité ; Otéï en porcelaine de Satzuma.

206 Divinité, Benten Sama, déesse des destinées, en même porcelaine.

207 Joli vase en Satzuma orné de chrysanthèmes multicolores.

208 Vase Satzuma col évasé, décor de médaillons ornés de chimères et de fleurs.

209 Cache-pot en porcelaine de Kutani, décor de fleurs.

210 Paire de vases chinois fond bleu, décor en or de fleurs et d'oiseaux. Époque Tao-Kouang.

211 Paire de vases en porcelaine de Canton.

212 Paire de vases en grès de Rokujaki, personnages en relief.

213 Paire de vases craquelés, dessins en émaux en relief.

214 Vase forme droite, décor de personnages. Travail Chinois.

215 Grand vase Chinois à col évasé, décor de personnages polychromes. Époque Tao-Kaoung.

216 Divinité en ancien blanc de chine et enfant en biscuit décoré.

217 Trois poignards turcs forme courbe, lames gravées.

218 Trois sabres divers du Japon.

219 Sabre du Japon, monture os sculpté.

220 Deux poignards de même genre.

221 Deux poignards de même genre.

222 Deux autres de même genre.

223 Un lot de 13 netzukés en ivoire du Japon.

224 Un ivoire, personnage aux longs bras élevant une petite divinité. Travail japonais.

225 Paire de petits cornets en ivoire sculptés de personnages.

226 Cornet en ivoire du Japon orné de personnages sculptés. Couvercle orné d'une chimère.

227 Ancien écritoire persan en laque orné de figurines polycromes.

228 Coupe en jadéïte, monture bronze.

228 Objets omis au catalogue.

IMPRIMERIE FORESTIÉ
MONTAUBAN